Salmos y oraciones para sanar el alma

Salmos y oraciones para sanar el alma

Antología del Padre
Francisco Javier Bautista

Editorial Época, S.A. de C.V.
Emperadores núm. 185
Col. Portales
C. P. 03300, México, D.F.

Salmos y oraciones para sanar el alma

© Derechos reservados 2008.
© Editorial Época, S.A. de C.V.
© Antología del Padre Francisco Javier Bautista.
   Emperadores núm. 185, Col. Portales
   C.P. 03300-México, D.F.
   email: edesa2004@prodigy.net.mx
   www.editorial–epoca.com.mx
   Tels: 56-04-90-46
         56-04-90-72

ISBN: 970-627-627-0
ISBN: 9789-7062-7627-8

Impreso en México — *Printed in Mexico*

INTRODUCCIÓN

Han sido años los que hemos estado a su lado, querido lector, y a lo largo de todos estos años hemos querido que se lleve un valor agregado de nuestro esfuerzo y trabajo, porque no nos alcanzan las palabras para agradecerle su preferencia, por ello mismo, hemos decidido para este proyecto hacer algo nuevo... no hemos querido llenarlo de una introducción a lo mejor aburrida y tediosa que tal vez ya sepa de memoria, sino que optamos por algo más significativo que esperamos le guste:

Una mujer pobremente vestida, con un rostro que reflejaba derrota, entró a una tienda. La mujer se acercó al dueño de la tienda y, de la manera más humilde, le preguntó si podía llevarse algunas cosas a crédito.

Con voz suave le explicó que su esposo estaba muy enfermo y que no podía trabajar; tenían siete niños y necesitaban comida.

El dueño le pidió que abandonara su tienda. Sabiendo la necesidad que estaba pasando su familia la mujer continuó: "¡Por favor señor! Se lo pagaré tan pronto como pueda". El dueño le dijo que no podía fiarle ya que no tenía una cuenta de crédito en su tienda.

De pie cerca del mostrador se encontraba un cliente que escuchó la conversación entre el dueño de la tienda y la mujer. El cliente se acercó y le dijo al dueño de la tienda que él se haría cargo de lo que la mujer necesitara para su familia. El dueño preguntó a la mujer: "¿Tiene usted una lista de compra?". La mujer dijo: "Sí señor". "Está bien", dijo el dueño, "ponga su lista en la balanza y lo que pese su lista, le daré yo en comestibles".

La mujer titubeó por un momento y cabizbaja, buscó en su cartera un pedazo de papel y escribió algo en él. Puso el pedazo de papel, cabizbaja aún, en la balanza. Los ojos de dueño y cliente se llenaron de asombro cuando la balanza se fue hasta lo más bajo y se quedó así.

El dueño entonces, sin dejar de mirar la balanza dijo: "¡No lo puedo creer!". El cliente sonrió y el dueño comenzó a poner comestibles al otro lado de la balanza. La balanza no se movió, por lo que continuó poniendo más y más comestibles hasta que no aguantó más. El dueño se quedó allí parado con gran asombro.

Finalmente, agarró el pedazo de papel y lo miró con mucho más asombro... No era una lista de compra, era una oración que decía: "Querido Señor, Tú conoces mis necesidades y yo las voy a dejar en tus manos". El dueño de la tienda le dio los comestibles que había reunido y quedó allí en silencio.

La mujer le agradeció y abandonó su tienda. El cliente le entregó un billete de cincuenta dólares al dueño y le dijo: "Valió cada centavo de este billete". Sólo Dios sabe cuánto pesa una Oración.

El poder de la oración

Cuando reciba este mensaje, haga una oración. Eso es todo lo que tiene que hacer. Sólo deténgase ahora y haga una sencilla y sincera oración por usted y por los suyos. La Oración es uno de los mejores regalos que recibimos. No tiene costo pero sí muchas recompensas.

"La nueva primavera me recuerda que mientras en la naturaleza la renovación es cíclica, mi renovación personal sólo depende de mi decisión para despertar y crecer."

Hoy despierto. Hoy florezco

HOY QUIERO ESCUCHAR TU VOZ

Jesús:
Hoy quiero escuchar tu voz
pero falta silencio a mi alrededor.
Enséñame a estar callado
y a escuchar atento tu voz.

Que tu palabra ilumine mi vida,
que tu palabra me comprometa
y me haga vivir en tu presencia
Aún no te conozco.
no sé apenas nada del Evangelio.
Quiero ser tu amigo
¡Y me preocupo tan poco de Ti!

Tú vienes hoy a visitarme
y me invitas a abrir la puerta
de mi corazón.
Desde lo profundo de mi ser
Te espero y te grito:
¡Ven Señor Jesús!

Anónimo

EL SILENCIO DEL ALMA

En el silencio de tu alma se esconden los más bellos secretos de tu corazón.

El silencio no es la ausencia de sonidos, es un estado tranquilo en el que puedes oír lo que se mueve en tu interior con mayor claridad.

En silencio se descubren maravillosas conversaciones que la palabra sería incapaz de pronunciar.

En el trabajo callado y tranquilo los dones de las personas se hacen visibles.

La palabra, cuando es clara y sincera, nos acerca a los demás, nos ayuda a darnos a conocer, nos muestra lo que los demás piensan y viven... el silencio es el mayor grado de comunicación que podemos conseguir con un ser humano.

Ábreme el cofre sagrado de tu silencio, comparte conmigo desde lo que eres, desde lo que vives, desde lo que lloras y desde donde te alegras...sin palabras.

Entraré de puntillas, sin hacer ruido, para no romper la hermosura que me ofreces a través de tu silencio...

Anónimo

SALMO 5
PLEGARIA ARDIENTE DE UN PERSEGUIDO

I
Plegaria insistente al Señor (v-2-4).
Escucha, oh Señor, mis palabras,
comprende mi suspiro,
inclínate a la voz de mi súplica,
Rey mío y Dios mío,
porque a Ti dirijo mi oración.
Señor, en la mañana oyes mi voz:
en la mañana me pongo en tu presencia, y espero.

II
Confianza de ser oído (v. 5-7).
Porque no eres Tú un Dios que ame la iniquidad,
ni brindas hospedaje al malvado;
no permanecen los insensatos ante tus ojos;
aborreces a todos los que obran la maldad,
pierdes a aquellos que hablan la mentira,
al hombre sanguinario y fraudulento
lo aborrece el Señor.

III
Petición de ser guiado (v. 8-9)
Mas yo, por tu inmensa misericordia, entraré en tu casa,
adoraré en tu templo santo, en tu temor.

Guíame, Señor, según tu justicia,
a causa de mis enemigos;
allana delante de mí tu camino.

IV
Grande es la maldad de los enemigos (v. 10-11).
Pues en su boca no se halla rectitud,
su pecho es perversidad,
su garganta es un sepulcro abierto,
tiene una lengua lisonjera.
Castígalos, oh Señor,
sean frustrados sus designios;
arrójalos por la multitud de sus crímenes,
pues se han revelado contra Ti.

V
Protección y alegría de los justos (v. 12-13).
Y se alegrarán todos los que confían en Ti,
darán eternas voces de júbilo,
tú los protegerás, y se alegrarán en Ti,
los que aman tu nombre.
Porque Tú bendices al justo, oh Señor,
lo rodeas como con escudo con benevolencia.

"Ser feliz no sólo es un placer. También es mi responsabilidad social. Es lo que yo puedo aportar para que el mundo se transforme. Mi responsabilidad social es ser alegre, feliz y pacífico. La acepto."

Anónimo

DEBO SER

Debo ser fuerte sin ser rudo.
Ser amable sin ser débil.
Aprender con orgullo sin arrogancia.
Aprender a ser gentil sin ser suave.

Ser humilde sin ser tímido.
Ser valioso sin ser agresivo.
Ser agradecido sin ser servil.
Meditar sin ser flojo.

Por eso señor te pido...

Dame grandeza para entender,
capacidad para retener,
método y facultad para aprender,
sutileza para interpretar,
gracia y abundancia para hablar.

Dame acierto al empezar,
dirección al progresar
y perfección al acabar.

Anónimo

SALMO 11
PLENA CONFIANZA EN DIOS

I
Voz de la carne que teme (v. 1b-3).
En el Señor confío: ¿cómo decís a mi alma:
"huye al monte cual ave,
pues he aquí que los malos tienen el arco,
tienen preparada su saeta en la cuerda
para asaetear en lo oscuro a los rectos de corazón.
Si los cimientos son destruidos,
qué puede hacer el justo?".

II
Voz de la fe que confía (v. 4-7).
El Señor está en su santo templo;
el Señor tiene en el cielo su trono,
sus ojos están observando,
escudriñan sus párpados a los ojos de los hombres.
El Señor escudriña al justo y al impío
aborrece su alma al que ama la maldad,
hará llover sobre los pecadores
carbones encendidos y azufre,
viento abrasador será parte de su copa.
Porque justo es el Señor; ama la justicia,
los rectos contemplarán su rostro.

Oración para la prosperidad

Dios Padre celestial, el más Cortés y Amoroso, imploro a Ti, bendice a mi familia abundantemente. Sé que Tú reconoces, que una familia es más que sólo una madre y un padre, hermana y hermano, marido y esposa, donde todos creen y confían en Ti.

Mi Dios yo te elevo esta oración para que puedas bendecirme financieramente. Asimismo, deseo esta bendición financiera, no sólo para la persona que me envió este documento sino para todos a los que yo se los transmitiré y a todos los que en adelante lo reciban.

Sabemos que el poder de la oración unida por todos aquellos que creen y confían en Ti, Padre Amado, es lo más poderoso que puede existir. Yo te agradezco de antemano tus bendiciones.

Que Dios Padre le entregue ahora mismo a las personas que leen esto, la cancelación de todas sus deudas y cargas económicas en armonía perfecta para todo el mundo. Que derrame su piadosa sabiduría y que podamos ser unos buenos servidores y administradores de las bendiciones financieras de Dios.

Sabemos lo maravilloso y poderoso que eres, y sabemos que si apenas te obedecemos y caminamos en tu palabra y tenemos la fe del tamaño de una semilla de mostaza, Tú derramarás sobre nosotros todas tus bendiciones.

Te agradezco ahora Señor por las bendiciones que acabamos de recibir y las bendiciones por venir. En el nombre de Jesús te lo pido, Amén.

Anónimo

Para sanar

"Tu amor es más grande que la vida misma. Tu corazón arde de compasión por los que sufren. Dirige hacia mí tu rostro, santísimo Dios, examina el interior de mi cuerpo y mi alma. Envuélveme en el poder sanador de tu amor. Sostenme Tú hasta que regresen mis fuerzas. Te ruego me concedas sanidad completa de cuerpo y alma."

Anónimo

SALMO 23
EL BUEN PASTOR

I

El Señor Buen Pastor (v. 1-4).
El Señor es mi pastor; nada me falta,
en pastos verdegueantes me hace yacer,
a las aguas, donde descanse, me conduce,
recrea mi alma.
Me conduce por sectas rectas,
a causa de su nombre.
Aunque fuera por un valle tenebroso,
no temería el desastre, porque Tú estás conmigo,
tu vara y tu cayado, son los que me alientan.

II

El Señor huésped generoso (v. 5-6).
Tú aparejas para mí una mesa,
frente por frente de mis enemigos.
Tú bañas con el óleo mi cabeza,
y mi cáliz rebosando está.
Sólo bien y gracia me acompañarán
por todos los días de mi vida.
Y habitaré en la casa del Señor
por largura de días.

Seguiré adelante

Voy a seguir creyendo, aun cuando la gente pierda la esperanza.

Voy a seguir dando amor, aunque otros siembren odio.

Voy a seguir construyendo, aun cuando otros destruyan.

Voy a seguir hablando de Paz, aun en medio de una guerra.

Voy a seguir iluminando, aun en medio de la oscuridad.

Y seguiré sembrando, aunque otros pisen la cosecha.

Y seguiré gritando, aun cuando otros callen.

Y dibujaré sonrisas, en rostros con lágrimas

Y transmitiré alivio, cuando vea dolor

Y regalaré motivos de alegría donde sólo haya tristezas.

Invitaré a caminar al que decidió quedarse y levantaré los brazos, a los que se han rendido. Porque en medio de la desolación, siempre habrá un niño que nos mirará, esperanzado, esperando algo de nosotros, y aun en medio de una tormenta, por algún lado saldrá el sol y en medio del desierto crecerá una planta.

Siempre habrá un pájaro que nos cante, un niño que nos sonría y una mariposa que nos brinde su belleza.

Pero... si algún día ves que ya no sigo, no sonrío o callo, sólo acércate y dame un beso, un abrazo o regálame una sonrisa, con eso será suficiente, seguramente me habrá pasado que la vida me abofeteó y me sorprendió por un segundo.

Sólo un gesto tuyo hará que vuelva a mi camino.

Anónimo

"Algún día en cualquier parte, en cualquier lugar indefectiblemente te encontrarás a ti mismo, y ésa, sólo ésa, puede ser la más feliz o la más amarga de tus horas".

Pablo Neruda

SALMO 33
CÁNTICO DE ALABANZA AL SEÑOR
(Extracto)

Invitación: celebrad con alegría al Señor (v. 1-3).
Alegraos, oh justos, en el Señor,
sienta bien la alabanza a los rectos.
Alabad al Señor con la cítara,
cantadle himnos con el arpa de diez cuerdas.
Entonadle un cántico nuevo,
hacedle buen concierto con grandes voces.

*"Amar a Dios sobre todas las cosas es además
el secreto para conseguir la felicidad, incluso ya en
esta vida. No busquéis la felicidad en el placer, en la
posesión de bienes materiales, en el afán de dominio.
Se es feliz por lo que se es, no por lo que se tiene: la
felicidad está en el corazón, está en amar, está en darse
por el bien de los demás sin esperar nada a cambio."*

Juan Pablo II

TEMÍA, PERO AHORA NO

Temía estar solo,
hasta que aprendí a quererme a mí mismo.

Temía fracasar,
hasta que me di cuenta que únicamente fracaso si no
lo intento.

Temía lo que la gente opinara de mí,
hasta que me di cuenta de que de todos modos
opinarían de mí.

Temía me rechazaran,
hasta que entendí que debía tener fe en mí mismo.

Temía al dolor,
hasta que aprendí que éste es necesario para crecer.

Temía a la verdad,
hasta que descubrí la fealdad de las mentiras.

Temía a la muerte,
hasta que aprendí que no es el final, sino más bien un
comienzo.

Temía al odio,
hasta que me di cuenta que no es otra cosa más que
ignorancia.

Temía al ridículo,
hasta que aprendí a reírme de mi mismo.

Temía hacerme viejo,
hasta que comprendí que ganaba sabiduría día a día.

Temía al pasado,
hasta que comprendí que no podía herirme más.

Temía a la oscuridad,
hasta que vi la belleza de la luz de una estrella.

Anónimo

Plegaria silenciosa

Le pedí fuerzas a Dios para poder llegar
más lejos, y me hizo débil para que
aprendiera humildemente la obediencia...

Le pedí salud para poder hacer grandes
cosas, y me hizo frágil para que hiciera
cosas mejores...

Le pedí riquezas para poder ser feliz, y me
dio la pobreza para que pudiera ser
sabio...

Le pedí poder para ser admirado por los
hombres, y me dio la debilidad, para que
pudiera sentir la necesidad de Dios...

Le pedí todas las cosas para gozar de la vida,
y me fue dada la vida para disfrutar de
todas las cosas...

No tengo nada de lo que pedí, pero sí todo lo
que esperaba. Casi a pesar de mí mismo,
mis silenciosas plegarias fueron escuchadas.

Anónimo

EL MUNDO ES MÍO

Hoy, viajando en un autobús, vi una hermosa muchacha con cabello de oro, y expresión de alegría; envidié su hermosura. Al bajarse, la vi cojear... tenía sólo una pierna, y apoyada en su muleta, sonreía.

Perdóname señor, cuando me quejo. Tengo dos
piernas y ¡el mundo es mío!

Fui después a comprar unos dulces. Me atendió un muchacho encantador. Hablé con él; parecía tan contento, que aunque se me hubiera hecho tarde, no me hubiera importado, ya que al salir, oí que decía: Gracias por charlar conmigo... es un placer hablar con gente como usted... ya ve, soy ciego...

Perdóname señor cuando me quejo. Yo puedo
ver y ¡el mundo es mío!

Más tarde, caminando por la calle, vi a un pequeño de ojos azules, que miraba jugar a otros niños, sin saber qué hacer. Me acerqué y le pregunté: ¿Por qué no juegas con ellos? Siguió mirando hacia adelante sin decir una palabra: entonces comprendí que no escuchaba.

Perdoname señor cuando me quejo. Yo puedo
escuchar y ¡el mundo es mío!

Tengo piernas para ir a donde quiero.

Ojos para ver los colores del amanecer y el atardecer.

Oídos para escuchar las cosas que me dicen. Tengo salud... lo tengo TODO.

Anónimo

Vivir la propia serenidad

Conserva tu serenidad.

Ella es la mejor prueba de que tu espíritu es equilibrado.

No permitas que tus obligaciones diarias y el ruido exterior te quiten la paz interior, a punto de avalar la serenidad de tu espíritu, pues sin ella ni siquiera conseguirás trabajar bien en este día.

No te apures en hacer las cosas, así como quien desea librarse de algo.

Antes, agradece por la oportunidad y por la capacidad de ejecutar las tareas que te son delegadas.

Haz todo con serenidad y amor.

Anónimo

SALMO 32
DICHOSO EL QUE ALCANZA EL PERDÓN DE SUS CULPAS

a) Felicidad del pecador perdonado (v. 1-6).

I
Dicha del que alcanza el perdón (v. 1-2).
Bienaventurado aquel cuyo crimen es perdonado
y cuyo pecado es cubierto.
Bienaventurado el hombre al que el Señor no arguye
de culpa,
y en cuyo espíritu no hay superchería.

II
Tortura del pecador que no se acusa (v. 3-4).
Mientras callaba yo, se consumían mis huesos,
en medio de mis continuos gemidos.
Porque día y noche tu mano pesaba sobre mí:
mi fuerza se secaba como con ardores de estío.

III
La confesión de la culpa atrae el perdón (v. 5-6).
Te manifesté mi pecado, dejé de ocultar mi culpa,
"confesaré", me dije, mi iniquidad al Señor
y Tú perdonaste la culpa de mi pecado.
En vista de esto, que ore a Ti todo fiel,
en el tiempo en que se puede encontrar.

Y cuando irrumpan muchas aguas,
no se aproximarán a él.

b) *Exhortación a no permanecer en el pecado (v. 7-11).*

I
Gran dicha después del perdón (v. 7-8).
Tú eres mi abrigo: en la angustia Tú me guardas,
me rodeas de júbilo por mi salvación.
"Yo te instruiré", me dices,
"te indicaré el camino por donde debes ir,
tendré fijos mis ojos sobre ti".

II
Hay que ser dóciles con el Señor (v. 9-11).
Guardaos de ser como el caballo
y como el mulo que no tiene entendimiento,
con cabestro y freno hay que refrenar su petulancia,
de otra manera no se acercarán a ti.
Muchos son los dolores del impío;
mas al que confía en el Señor, la misericordia le rodea.
Alegraos en el Señor y saltad, oh justos,
y clamad de alegría, todos los rectos de corazón.

ENSÉÑAME

A no querer más de lo que puedes dar...
a separar lo real de la fantasía...
a no mirar las cosas superficialmente...
a no ser tan transparente...
a ser fuerte para que nada me afecte...
a ser más sensible para no hacerte daño...
a mirar a través de tus ojos...
a sentir y darte aliento en las penas...
a estar en tus brazos y dejarme sentir...
a controlar mi ego...
a no sufrir cuando te siento alejarte...
a quererte cada día más...
a ser mejor de lo que he sido...
a no ser débil frente a ti...
a quererte y hacerte feliz...

Anónimo

CUANDO

Cuando las horas de desaliento te invadan el alma, y las lágrimas afloren en tus ojos, Búscame: *Yo soy aquel* que sabe consolarte y pronto se detienen tus lágrimas.

Cuando desaparezca tu ánimo para luchar en las dificultades de la vida, o sientas que estás pronto a desfallecer, Llámame: *Yo soy la fuerza* capaz de remover las piedras de tu camino y sobreponerte a las adversidades del mundo.

Cuando, sin clemencia te encontraras, de suerte que no encontraras dónde reclinar tu cabeza, Corre junto a mí: *Yo soy el refugio* en cuyo seno encontrarás guarida para tu cuerpo y tranquilidad para tu espíritu.

Cuando te falte la calma, en momentos de gran aflicción, y te consideres incapaz de conservar la serenidad de espíritu, Invócame: *Yo soy la paciencia* que te ayudará a vencer las dificultades más dolorosas y triunfar en las situaciones más difíciles.

Cuando te debatas en los misterios de la vida y tengas el alma golpeada por los obstáculos del camino, Grita por mí: *Yo soy el balsamo* que cicatrizará tus heridas y aliviara tus padecimientos.

Cuando el mundo sólo te haga falsas promesas y creas que ya nadie puede inspirarte confianza, Ven a mí: *Yo soy la sinceridad*, que sabe corresponder a la franqueza de tus actitudes y a la nobleza de tus ideas.

Cuando la tristeza o la melancolía intenten albergarse en tu corazón, Clama por mí: *Yo soy la alegría* que te infunde un aliento nuevo y te hará conocer los encantos de tu mundo interior.

Cuando, uno a uno, se destruyan tus ideales más bellos y te sientas desesperado, Apela a mí: *Yo soy la esperanza* que te robustece la Fe.

Cuando la impiedad te revele las faltas y la dureza del corazón humano, Aclámame: *Yo soy el perdón,* que te levanta el ánimo y promueve la rehabilitación de tu alma.

Cuando dudes de todo, hasta de tus propias convicciones, y el escepticismo te aborde el alma, Recurre a mí: *Yo soy la fe* que te inunda de luz y de entendimiento para que alcances la *Felicidad.*

Cuando ya nadie te tienda una mano tierna y sincera y te desilusiones de los sentimientos de tus semejantes, Aproxímate a mí: *Yo soy la renuncia* que te enseñará a entender la ingratitud de los hombres y la incomprensión del mundo.

Y cuando al fin, quieras saber quién soy, pregúntale al río que murmura, al pájaro que canta, a las estrellas que titilan. *Yo soy la dinámica de la vida, y la armonía de la naturaleza.*

Me llamo amor. Soy el remedio para todos los males que atormenten tu espíritu.

Anónimo

Salmo 3
Confianza en medio de la angustia

Señor, cuántos son mis enemigos,
cuántos se levantan contra mí;
cuántos dicen de mí:
"ya no lo protege Dios".

Pero Tú, Señor, eres mi escudo y mi gloria,
Tú mantienes alta mi cabeza.
Si grito invocando al Señor,
Él me escucha desde su monte santo.

Puedo acostarme y dormir y despertar:
el Señor me sostiene.

No temeré al pueblo innumerable
que acampa a mi alrededor.

Levántate, Señor;
sálvame, Dios mío,
tú golpeaste a mis enemigos en la mejilla,
rompiste los dientes de los malvados.

De ti, Señor, viene la salvación
y la bendición sobre tu pueblo.

EL DÍA DE SERENIDAD

Este día conduciré con calma mis pasos
y me alejaré de las presiones
y de los problemas que perjudican
mi salud mental.

Me enfrentaré a mi destino con serenidad
y arreglaré todo lo que esté a mi alcance solucionar,
pero aceptaré con alegre resignación
aquello que no pueda cambiar.

Tomaré mis libros y seleccionaré
aquel que más me gusta
y nunca tuve tiempo de leer
para disfrutar de la inmensa sabiduría
que encierra en cada una de sus paginas.

Por primera vez en mi vida
me detendré un segundo
para admirar los bellos amaneceres
que me regala la Naturaleza,
y sé que mi corazón saltará de alegría...

Porque después de tanto trajín,
al fin le regalaré un día de serenidad.

Anónimo

Mensaje de Dios

¿Por qué te confundes y te agitas ante las situaciones de la vida? Déjame al cuidado de tus cosas y todo te irá mejor; cuando te abandones a mí, todo se resolverá con tranquilidad según mis designios.

No te desesperes, no me dirijas una oración agitada, como si quisieras exigirme el cumplimiento de tus deseos.

Cierra los ojos del alma y dime con calma; Señor, yo confió en ti.

Evita las preocupaciones angustiosas y los pensamientos sobre lo que puede suceder después, no estropees mis planes queriéndome imponer tus ideas. Déjame ser Dios y actuar con libertad.

Abandónate confiadamente en mí, reposa en mí y deja en mis manos tu futuro. Dime frecuentemente, "Señor, yo confío en ti".

Lo que más daño te hace es tu razonamiento, tus propias ideas y querer resolver las cosas a tu manera.

Cuando me dices, "Señor, yo confío en ti", no seas como el paciente que pide al médico que lo cure, pero le sugiere el modo de hacerlo. Déjate llevar en mis brazos divinos, no tengas miedo. Yo te amo.

Si crees que las cosas empeoran o se complican a pesar de tu oración, sigue confiando. Cierra los ojos del alma y confía. Continúa diciéndome a toda hora "Señor, yo confío en ti".

Necesito las manos libres para poder obrar. No me ates a tus preocupaciones inútiles. Las fuerzas del mal quieren sólo eso; agitarte, angustiarte, quitarte la paz. Confía sólo en mí. Yo hago los milagros en la proporción del abandono y la confianza que tienes en mí. Así que no te preocupes, deja en mí todas tus angustias y duerme tranquilo.

Dime siempre "Señor, yo confío en ti" y verás grandes milagros.

Te lo prometo por mi amor.

Anónimo

SALMO 65
SOLEMNE ACCIÓN DE GRACIAS

Oh Dios, Tú mereces un himno en Sión,
y a Ti se te cumplen los votos,
porque Tú escuchas las súplicas.

A Ti acude todo mortal
a causa de sus culpas;
nuestros delitos nos abruman,
pero Tú los perdonas.

Dichoso el que Tú eliges y acercas
para que viva en tus atrios,
que nos saciemos de los bienes de tu casa,
de los dones sagrados de tu templo.

Con portentos de justicia nos respondes,
Dios, salvador nuestro;
Tú, esperanza del confín de la tierra
y del océano remoto;
Tú que afianzas los montes con tu fuerza,
ceñido de poder;
Tú que reprimes el estruendo del mar,
el estruendo de las olas
y el tumulto de los pueblos.

Los habitantes del extremo del orbe
se sobrecogen ante tus signos,
y las puertas de la aurora y del ocaso
las llenas de júbilo.

Tú cuidas la tierra, la riegas
y la enriqueces sin medida;
la acequia de Dios va llena de agua,
preparas los trigales;
riegas los surcos,
igualas los terrones,
tu llovizna los deja mullidos,
bendices sus brotes;
coronas el año con tus bienes,
tus carriles rezuman abundancia;
rezuman los pastos del páramo,
y las colinas se orlan de alegría;
las praderas se cubren de rebaños,
y los valles se visten de mieses,
que aclaman y cantan.

Oración para alejar los miedos

Padre, hay momentos en que he sentido mucho miedo.

Momentos desconcertantes y tormentosos y es cuando digo:

Padre acude a mí en este momento en que tengo miedo.

Acude a mí cuando dudo, cuando me atormento por el dolor y la incomprensión.

Acude a mí cuando el Mundanal Ruido me afecta y no lo entiendo.

Acude a mí en todo momento en que me veas atormentado por la ignorancia de pensar que no estás cerca.

Acude a mí cuando me enfermo no sólo del cuerpo, sino del espíritu.

Acude a mí a perdonarme por pensar que no estás cerca.

Acude a mí; pues yo te alabo y bajo tu frondoso árbol me acuesto a dilucidar tus pensamientos y a entonarme con tu Amor y tu Sapiencia.

Así sea.

Anónimo

¡QUÉDATE CON NOSOTROS!

Quédate con nosotros, Señor,
cuando nuestra familia está unida,
cuando la risa y la alegría hacen que la vida sea más
fácil.

Pero recuérdanos que la paz y la dicha verdadera
sólo se alcanzan a costa de sacrificio.
sin él, en nuestro trato mutuo, prevalece el egoísmo,
el malhumor y la indiferencia.

Quédate con nosotros Señor,
si hay dificultades en nuestro hogar,
si hay discordia entre papá y mamá,
incomprensión entre ancianos y jóvenes,
indiferencia entre hermanos y hermanas.

Que tu presencia sea el lazo de unión entre nosotros.
Aleja los celos y las peleas.
Rompe ese silencio que nos llena de amargura.

Quédate con nosotros Señor,
cuando haya enfermedad en nuestro hogar.
Es entonces cuando necesitamos tener valor y confiar
en Ti.

Tú sabes qué es lo mejor para cada uno. Haz que te
pidamos siempre cumplir tu voluntad,
en toda circunstancia, con salud o enfermedad,
en el éxito y en el fracaso,
en la vida y en la muerte.

Quédate con nosotros, Señor,
Para que podamos amarnos como Tú nos has amado.
Quédate con nosotros, ayúdanos a lo largo del día
hasta que llegue la noche y se calme la agitación de la
vida y el trabajo esté terminado.
Entonces por tu misericordia, concédenos un refugio
seguro, un descanso santo y, al final tu paz. Amén.

Anónimo

Salmo 31
Súplica confiada de un afligido

A ti, Señor, me acojo:
no quede yo nunca defraudado;
Tú, que eres justo, ponme a salvo,
inclina tu oído hacia mí;
ven aprisa a librarme,
sé la roca de mi refugio,
un baluarte donde me salve,
Tú que eres mi roca y mi baluarte;
por tu nombre dirígeme y guíame:
sácame de la red que me han tendido,
porque Tú eres mi amparo.
A tus manos encomiendo mi espíritu,
Tú, el Dios leal, me librarás.

Señor

Señor, en el silencio de este día que nace vengo a pedirte paz, sabiduría y fuerza.

Hoy quiero mirar el mundo con ojos llenos de amor, ser paciente, comprensivo, humilde, suave y bueno. Ver detrás de las apariencias, a ⁺us hijos, como los ves Tú mismo, para así poder apreciar la bondad de cada uno.

Cierra mis oídos a toda murmuración, guarda mi lengua de toda maledicencia, que sólo los pensamientos que bendigan permanezcan en mí.

Quiero ser tan bien intencionado y justo que todos los que se acerquen a mí sientan tu presencia. Revísteme de tu bondad, señor, y haz que durante este día, yo te refleje.

Anónimo

SI YO CAMBIARA

Si yo cambiara mi manera de pensar hacia los otros, los comprendería.

Si yo encontrara lo positivo en todos, ¡con qué alegría me comunicaría con ellos!

Si yo cambiara mi manera de actuar hacia los demás, los haría felices.

Si yo aceptara a todos como son, sufriría menos.

Si yo deseara siempre el bienestar de los demás, sería feliz.

Si yo criticara menos y amara más, ¡cuántos amigos ganaría!

Si yo comprendiera plenamente mis errores y defectos, sería humilde. Si al comprender plenamente mis errores y defectos, tratara de cambiarlos, ¡cuánto mejoraría mi hogar y mis ambientes!

Si yo cambiara de ser "yo" a ser "nosotros", comenzaría la Civilización del Amor.

Si yo cambiara los ídolos de poder, dinero, sexo, definitivamente por Dios, comenzaría a vivir la verdadera felicidad.

Si yo amara al mundo, lo cambiaría. Cambiando yo... Cambiando yo, cambiaría al Mundo.

Rudyard Kipling

SALMO 23
EL BUEN PASTOR

El Señor es mi Pastor, nada me falta:
en verdes praderas me hace recostar;
me conduce hacia fuentes tranquilas
y repara mis fuerzas;
me guía por el sendero justo,
por el honor de su nombre.
    Aunque camine por cañadas oscuras,
nada temo, porque Tú vas conmigo:
tu vara y tu cayado me sosiegan.
    Preparas una mesa ante mí,
enfrente de mis enemigos;
me unges la cabeza con perfume,
y mi copa rebosa.
    Tu bondad y tu misericordia me acompañan
todos los días de mi vida,
y habitaré en la casa del Señor
por años sin término.

"Nuestra buena conducta es nuestra verdadera riqueza.
El Conocimiento Divino es la verdadera riqueza que
deberíamos tener. La acción y la conducta
apropiadas constituyen nuestra prosperidad."

Anónimo

ESPARCIR TU FRAGANCIA

Oh, Jesús, ayúdame a esparcir tu fragancia
dondequiera que vaya.
Inunda mi alma de tu espíritu y vida.
Penétrame y aduéñate tan por completo de mí,
que toda mi vida sea una irradiación de la tuya.
Ilumina por mi medio y de tal manera toma posesión de
mí, que cada alma con la que yo entre en contacto
pueda sentir tu presencia en mi alma.
Que al verme no me vea a mí, sino a Ti en mí.
Permanece en mí.
Así resplandeceré con tu mismo resplandor,
y que mi resplandor sirva de luz para los demás.
Mi luz toda de Ti vendrá, Jesús: ni el más leve rayo
será mío.
Serás Tú el que iluminarás a otros por mi medio.
Sugiéreme la alabanza que más te agrada,
iluminando a otros a mi alrededor.

Que no te pregono con palabras sino con mi ejemplo,
con el influjo de lo que y/o lleve a cabo, con el destello
visible del amor, que mi corazón saca de Ti. ¡Amén!

Cardenal Newman

SALMO 111
DOY GRACIAS AL SEÑOR DE TODO CORAZÓN

Doy gracias al Señor de todo corazón,
en compañía de los rectos, en la asamblea.
Grandes son las obras del Señor,
dignas de estudio para los que las aman.
Esplendor y belleza son su obra,
su generosidad dura por siempre;
ha hecho maravillas memorables,
el Señor es piadoso y clemente.
Él da alimento a sus fieles,
recordando siempre su alianza;
mostró a su pueblo la fuerza de su obrar,
dándoles la heredad de los gentiles.
Justicia y verdad son las obras de sus manos,
todos sus preceptos merecen confianza:
son estables para siempre jamás,
se han de cumplir con verdad y rectitud.
Envió la redención a su pueblo,
ratificó para siempre su alianza,
su nombre es sagrado y temible.
Primicia de la sabiduría es el temor al Señor,
tienen buen juicio los que lo practican;
la alabanza del Señor dura por siempre.

ORACIÓN PARA ENCONTRAR
EL AMOR ESTABLE

Señor, enciéndeme en una antorcha de fuego rosa que purifique mis emociones y mis sentimientos para que así una vez purificados sean irradiados fuera de mi cuerpo y lleguen al corazón de aquella persona que me amará y será para siempre mi compañera...

Así quede escrito porque así se hace en este momento...

Ruego de amor Dios todo poderoso, padre celestial, pido que esa persona que tanto anhelo llegue a mí para mí felicidad eterna. Si es la persona que tú decidiste para mí, que se acerque a mí y si no es tu voluntad, te ruego que pueda olvidarla encontrando al amor verdadero.

Anónimo

Oración para el amor

"Padre, libro grandes batallas, pero tú estás allí para mí
siento tu Amor, tu equilibrio, tu Paz
siento la confianza que me inspiras a renacer sin dudar
siento el fluido energético que me hace vibrar y entonarme
a través de la disciplina simple de creer en Ti y no dudar.
Haz que "Yo" pueda actuar, convencida(o) de mi Fuerza y
alegría; porque con estas virtudes Yo emprenderé la ruta que
Tú anhelas para mí. Gracias, Padre."

Anónimo

Salmo 54
Petición de auxilio

Oh Dios, sálvame por tu nombre,
sal por mí con tu poder.
Oh Dios, escucha mi súplica,
atiende a mis palabras;
porque unos insolentes se alzan contra mí,
y hombres violentos me persiguen a muerte,
sin tener presente a Dios.
Pero Dios es mi auxilio,
el Señor sostiene mi vida.

Te ofreceré un sacrificio voluntario,
dando gracias a tu nombre, que es bueno;
porque me libraste del peligro,
y he visto la derrota de mis enemigos.

Bendición del hogar

Dios mío, bendice mi casa, para que sea el hogar del amor y de la paz.

Bendice la puerta abierta como dos brazos extendidos que dan la bienvenida.

Bendice las ventanas que dejan entrar el sol a raudales cada mañana y por donde se asoman las estrellas que son luces de esperanza.

Bendice los muros que nos defienden del viento, del frío y que son nuestros amigos en las horas que pasan.

Bendice nuestra mesa y los sitios de trabajo para que nos ayudes y el lugar de reposo para que nos guardes.

Bendice el techo que cobija los afanes de hoy y los sueños de mañana y que guarda para siempre entre los vivos la memoria sagrada de los que se han ido.

Bendice los sentimientos, las ternuras, los anhelos que florecerán en nuestras vidas.

Bendice nuestros pensamientos para que sean puros, las palabras para que sean rectas, nuestros actos para que nos conduzcan hacia Ti.

Bendice nuestras horas de paz y de silencio, para que fortalezcamos juntos nuestro espíritu.

Bendice nuestros dolores y alegrías porque son el corazón de la familia.

Señor quédate con nosotros... en tu morada... en nuestra casa....

Anónimo

CONTRIBUYENDO AL CAMBIO

Hay tanto que hacer y cada quién
tiene su propia tarea en la gesta
de nuestro tiempo.
Madre Santísima, intercede para que
yo reciba la fuerza y el aliciente
para cooperar con la gran tarea
de cambiar este mundo nuestro
poniendo mi grano de arena,
que bien podría hacer la diferencia.
Amén.

Anónimo

Oración para alcanzar la paz

¡Espíritu de Dios, paz profunda del corazón del hombre! ¿Adónde volar para encontrar un cielo infinito de calma y de serenidad? ¿A quién invocar con certeza de fe para conseguir en mi mente la paz del Señor?

Siento mi corazón preocupado y nervioso; camino anhelante y no sé por qué; siento la sangre agitada y no encuentro explicación; vivo mil sentimientos encontrados que siembran zozobra en mi interior y no alcanzo a ver su raíz. Sólo pensar en ciertas cosas y en ciertas personas me altera la calma y perturba mis nervios.

Estoy perdido y desolado en un caos de confusión. ¡Ven, Espíritu divino! Serena mi mente.

Lléname de la paz del Señor.

Que nada me perturbe y espante, ni la injusticia, ni la calumnia, ni la difamación; ni el mal ejemplo de nadie, ni el dolor de la vida, ni la oscuridad de la fe, ni el fracaso económico...

Que nunca pierda tu horizonte de amor y que el fruto de tu paz sea mi mejor testimonio de hijo de Dios. ¡Déjame sentirte y vivirte como presencia de paz interior!

Anónimo

ORACIÓN DE PAZ

¡Señor!
¡Colma de esperanza mi corazón
y de dulzura mis labios!
Pon en mis ojos la luz que acaricia y purifica,
en mis manos el gesto que perdona.

Dame el valor para la lucha,
compasión para las injurias,
misericordia para la ingratitud y la injusticia.

Líbrame de la envidia
y de la ambición mezquina,
del odio y de la venganza.

Y que al volver hoy nuevamente
al calor de mi lecho, pueda,
en lo más íntimo de mi ser,
sentirte a Ti presente.

Amén.

Anónimo

SALMO 70
DIOS MÍO, VEN EN MI AUXILIO

Dios mío, dígnate a librarme;
Señor, date prisa en socorrerme.
Sufran una derrota ignominiosa
los que me persiguen a muerte;
vuelvan la espalda afrentados
los que traman mi daño;
que se retiren avergonzados
los que se ríen de mí.
Alégrense y gocen contigo
todos los que te buscan;
y digan siempre: "Dios es grande",
los que desean tu salvación.
Yo soy pobre y desgraciado.
Dios mío, socórreme,
que Tú eres mi auxilio y mi liberación.
¡Señor, no tardes!

SEÑOR, AYÚDAME A ACEPTAR CON PAZ LA ENFERMEDAD

Ayúdame, Señor, a obtener el fruto espiritual que Tú pretendes con esta enfermedad que me has enviado.

Haz que comprenda que las enfermedades del cuerpo me ayudan a conseguir un conocimiento más perfecto del mismo, a desprenderme de todo lo creado y me invitan mediante la espontánea reflexión que trae consigo, sobre la brevedad de la vida, a trabajar con más empeño y seriedad en preparar mi alma para la vida futura donde no existe ni enfermedad ni pena, sino el eterno gozo de tu compañía.

Amen.

Anónimo

PARA SER MEJOR

Auxilio de los pecadores
siempre dispuesta al perdón
y a la intercesión
obtenme las gracias
que me sean necesarias
para encaminar rectamente mi vida,
rechazar enérgicamente el pecado.

Huir de sus ocasiones
y poner los mejores medios
para purificarme
según el divino designio
y así encaminarme
hacia quien es la Vida misma.
Amén.

Anónimo

Salmo 138
Acción de gracias

Te doy gracias, Señor, de todo corazón;
delante de los ángeles tañeré para Ti,
me postraré ante tu santuario,
daré gracias a tu nombre:
por tu misericordia y tu lealtad,
porque tu promesa supera tu fama;
que te den gracias, Señor, los reyes de la tierra,
al escuchar el oráculo de tu boca;
canten los caminos del Señor,
porque la gloria del Señor es grande.
Cuando camino entre peligros,
me conservas la vida;
Señor, tu misericordia es eterna,
no abandones la obra de tus manos.

SALMO 63
EL ALMA SEDIENTA DE DIOS

Oh Dios, tú eres mi Dios, por Ti madrugo,
mi alma está sedienta de ti;
mi carne tiene ansia de ti,
como tierra reseca, agostada, sin agua.
¡Cómo te contemplaba en el santuario
viendo tu fuerza y tu gloria!
Tu gracia vale más que la vida,
te alabarán mis labios.

Toda mi vida te bendeciré
y alzaré las manos invocándote.
Me saciaré como de enjundia y de manteca,
y mis labios te alabarán jubilosos.
En el lecho me acuerdo de Ti
y velando medito en Ti,
porque fuiste mi auxilio,
y a la sombra de tus alas canto con júbilo;
mi alma está unida a Ti,
y tu diestra me sostiene.

SÓLO TE PIDO

Un pedazo de tierra para posar mi planta y ahí una huella sabia que conduzca la mía.

Sobre mi frente un techo; bajo el techo una llama.

Un pan que nunca falte y una esposa sencilla: la esposa como el pan, humilde, buena, casta; el pan como la esposa, de suavidad benigna.

Un amigo y un libro.

Salud, pero no tanta como para olvidar que he de morir un día.

Un hijo que me enseñe que soy Tu semejanza.

Un rincón en el cielo donde anidar mis ansias, con una estrella, para saber que Tú me miras.
Sosiego en el espíritu, gratitud en el alma...

Eso pido, Señor, y al final de la vida, dártelo todo, a cambio de un poco de esperanza.

Anónimo

ENSÉÑANOS A ESTAR CONTENTOS

Enséñanos a estar contentos con lo que tenemos.
Deshagámonos de todos los valores falsos y
establezcamos los altos ideales:
una casa tranquila,
una vid de nuestra propia cosecha,
pocos libros llenos de inspiración de los genios,
pocos amigos que merezcan ser queridos y capaces de
querer,
un ciento de placeres inocentes que no acarreen dolor
o remordimiento,
una devoción al derecho que nunca se desvía,
una religión simple, vacía de todo fanatismo y llena de
confianza, esperanza y amor.

David Swing

Oración para sonreir

Señor, renueva mi espíritu y dibuja en mi rostro
sonrisas de gozo por la riqueza de tu bendición.

Que mis ojos sonrían diariamente por el cuidado y
compañerismo de mi familia y de mi comunidad.

Que mi corazón sonría diariamente por las alegrías y
dolores que compartimos.

Que mi boca sonría diariamente con la alegría y
regocijo de tus trabajos.

Que mi rostro dé testimonio diariamente de la alegría
que Tú me brindas.

Gracias por este regalo de mi sonrisa, Señor. Amén.

Madre Teresa de Calcuta

Oración de la confianza

Concédeme la paz que nace de una perfecta confianza en Ti, ¡Dios de amor!

Fe inquebrantable que nunca duda que lo que Tú eliges es lo mejor para mí.

Lo mejor aun cuando todos mis planes se derrumban; lo mejor aun cuando mi vida se hace difícil; lo mejor aun cuando los recursos humanos son escasos. ¡En Ti tengo cuanto necesito!

Lo mejor aunque mi salud y mis fuerzas flaqueen, aunque los días sean nublados y me falte lo mucho que otros pueden tener, hágase tu voluntad, Señor, y no la mía.

Cuando lleguen las contrariedades, también ellas serán lo mejor para mí, para desapegarme de este mundo mutable y para arraigarme más en Ti.

¡Concédeme la paz de una perfecta confianza, que me haga desprender de todo, que me haga ver tu mano en todos los acontecimientos, pequeños y grandes!

Haz que escuche tu voz, tu voz de Padre, que sabiamente me guía.

¡Concédeme la paz de una perfecta confianza y un corazón que goce y descanse en Ti!

Anónimo

SALMO 51
MISERICORDIA, DIOS MÍO

Misericordia, Dios mío, por tu bondad,
por tu inmensa compasión borra mi culpa;
lava del todo mi delito,
limpia mi pecado.

Pues yo reconozco mi culpa,
tengo siempre presente mi pecado,
contra Ti, contra Ti sólo pequé,
cometí la maldad que aborreces.

En la sentencia tendrás razón,
en el juicio resultarás inocente.
Mira, en la culpa nací,
pecador me concibió mi madre.

Te gusta un corazón sincero,
y en mi interior me inculcas sabiduría.

Rocíame con el hisopo: quedaré limpio;
lávame: quedaré más blanco que la nieve.
Hazme oír el gozo y la alegría,
que se alegren los huesos quebrantados.

Aparta de mi pecado tu vista,
borra en mí toda culpa.

Oh Dios, crea en mí un corazón puro,
renuévame por dentro con espíritu firme;
no me arrojes lejos de tu rostro,
no me quites tu santo espíritu.

Devuélveme la alegría de tu salvación,
afiánzame con espíritu generoso,
enseñaré a los malvados tus caminos,
los pecadores volverán a Ti.

Líbrame de la sangre, oh Dios,
Dios, Salvador mío,
y cantará mi lengua tu justicia.

Señor, me abrirás los labios,
y mi boca proclamará tu alabanza.

Los sacrificios no te satisfacen;
si te ofreciera un holocausto, no lo querrías.
Mi sacrificio es un espíritu quebrantado;
un corazón quebrantado y humillado,
Tú no lo desprecias.
Señor, por tu bondad, favorece a Sión,
reconstruye las murallas de Jerusalén,
entonces aceptarás los sacrificios rituales,
ofrendas y holocaustos,
sobre tu altar se inmolarán novillos.

Oración por la vida

Oh María, aurora del mundo nuevo, Madre de los vivientes, a Ti confiamos la causa de la vida, mira, Madre, el número inmenso de niños a quienes se impide nacer, de pobres a quienes se hace difícil vivir, de hombres y mujeres víctimas de violencia inhumana, de ancianos y enfermos muertos a causa de la indiferencia o de una presunta piedad.

Haz que a quienes creen en tu Hijo sepan anunciar con firmeza y amor a los hombres de nuestro tiempo el Evangelio de la vida.

Alcánzales la gracia de acogerlo como don siempre nuevo, la alegría de celebrarlo con gratitud durante toda su existencia y la valentía de testimoniarlo con solícita constancia, para construir, junto con todos los hombres de buena voluntad, la civilización de la verdad y del amor, para alabanza y gloria de Dios creador y amante de la vida. Amén.

Juan Pablo II

CUENTA TUS BENDICIONES

Suspiré porque el día estaba oscuro,
y me encontré con un niño ciego;
me quejé porque la caminata era demasiado larga,
y vi a un hombre que no tenía piernas;
recé pidiendo más bienes de los que necesitaba.

¡Y hay tantas gentes pobres que no tienen qué comer!

¡Oh Gran Dios, perdóname, ahora me doy cuenta de
tus bendiciones para mí!

Anónimo

*"Nadie puede escribir su vida religiosa real con lápiz
o bolígrafo. Se escribe sólo con acciones y su sello es
nuestro carácter personal. Ya sea que yo, nuestro
vecino o Dios, sea el juez, absolutamente el único valor
de nuestra vida religiosa, para mí o para alguien más,
es lo que nos queda y lo que nos permite ser."*

Wilfred T.

Enséñame, Señor

Enséñame Señor, a ser dulce y delicado en todos los acontecimientos de la vida; en los desagradables; en la inconsideración de otros; en la insinceridad de aquellos en quienes confiaba; en la falta de fidelidad y de lealtad de aquellos en quienes yo descansaba.

Deja que me ponga a un lado, para pensar en la felicidad de los otros, que oculte mis penas y mis angustias, para que sea yo el único en sufrir sus efectos.

Enséñame a aprovecharme del sufrimiento que se presente en mi camino.

Déjame que lo use de tal manera que sirva para suavizarme, no para endurecerme ni amargarme, de modo que me haga paciente, no irritable; generoso en mi perdón, no mezquino, altivo e insufrible.

Enséñame a saber que nunca alguien sea menos bueno por haber recibido mi influencia.

Que nadie sea menos puro, menos veraz, menos bondadoso, menos digno, por haber sido mi compañero de camino en nuestra jornada hacia la Vida Eterna.

En tanto voy dando saltos de un error a otro, déjame susurrar una plegaria de amor a Ti.

Octavio Colmenares

LO QUE SABEMOS

La vida es demasiado compleja para describirse en términos simples, sin embargo, sabemos mucho acerca de ella.

Primero, la vida viene de la vida. Cuando regresamos al principio, nos enfrentamos con Dios, quien es la Vida. En Él estuvo la Vida y la Vida fue la luz del hombre.

Segundo, sabemos que Dios está ansioso de impartirnos su vida, ya que Dios es Amor y el amor busca enriquecer y compartir con otros.

Tercero, la vida es creativa. Los animales dejan este mundo como lo encontraron, el hombre realiza grandes cambios, porque mucho de Dios está en Él. Juntos con Dios, es nuestro privilegio hacer un nuevo mundo.

Cuarto, la vida crece. Todas las actividades del hombre se desarrollan haciendo la vida más completa y con más significado. Cuando recibimos a Dios, venimos a ser acreedores. Quizás el cielo es nuestra oportunidad de seguir por siempre creciendo más y más, como Dios.

Quinto, al nacer somos candidatos para toda la vida. Poseemos dentro de nosotros las posibilidades y tenemos a Dios, capaz y dispuesto a trabajar con nosotros.

Al cooperar con Él quien es vida, tenemos vida y podemos vivirla, gozarla y engendrar vida.

J. Rives

SALMO 148
ALABANZA DEL DIOS CREADOR

Alabad al Señor en el cielo,
alabad al Señor en lo alto.
Alabadlo, todos sus ángeles;
alabadlo todos sus ejércitos.

Alabadlo, sol y luna;
alabadlo, estrellas lucientes.

Alabadlo, espacios celestes
y aguas que cuelgan en el cielo.

Alaben el nombre del Señor,
porque Él lo mandó, y existieron.

Les dio consistencia perpetua
y una ley que no pasará.

Alabad al Señor en la tierra,
cetáceos y abismos del mar,
rayos, granizo, nieve y bruma,
viento huracanado
que cumple sus órdenes,
montes y todas las sierras,
árboles frutales y cedros,

fieras y animales domésticos,
reptiles y pájaros que vuelan.

Reyes y pueblos del orbe,
príncipes y jefes del mundo,
los jóvenes y también las doncellas,
los viejos junto con los niños,
alaben el nombre del Señor,
el único nombre sublime.

Su majestad sobre el cielo y la tierra;
él acrece el vigor de su pueblo.
Alabanza de todos sus fieles,
de Israel, su pueblo escogido.

"Si las ondas de la radio pueden lanzar una melodía
sobre las montañas y el mar; si las notas del violín,
blancas como pétalos, las lleva el viento sobre el desierto
o sobre el ruido de la ciudad; si las canciones, como
rosas carmesí, pueden captarse del aire azul, ¿por qué
han de preguntarse los mortales si Dios escucha nuestras
oraciones?."

Marvin Drake

LA IGLESIA DE MIS SUEÑOS

Ésta es la Iglesia de mis sueños.
La Iglesia del corazón ardiente,
de la mente abierta,
del espíritu aventurero.

La Iglesia que se preocupa,
que cura vidas lastimadas,
que consuela a los ancianos,
que reta a la juventud.

Que no conoce divisiones de cultura o clase,
ni fronteras geográficas o sociales.
La Iglesia que cuestiona y afirma,
que mira hacia delante y hacia atrás.

La Iglesia del Maestro,
la Iglesia del pueblo,
alta como sus ideas,
baja como el humano más humilde.

Una Iglesia que trabaja,
una Iglesia que adora,
una Iglesia atractiva,
una Iglesia que interprete la verdad,
en términos de la verdad,

que inspire valor para esta vida y
esperanza para la vida que viene.

¡Una Iglesia verdadera!
¡Una Iglesia de todos los hombres buenos!
¡Una Iglesia del Dios viviente!

John Milton

Tú me llamas Maestro… y no me interrogas.

Tú me llamas tu Luz… y no me ves.

Tú me llamas La Verdad… y no crees en mí.

Tú me llamas El Camino… y no me sigues.

Tú me llamas la Vida… y no me deseas.

Inscripción de la catedral de Lübeck

¿POR QUÉ AHORA?

Cuando se ama la vida, se desea seguir existiendo.
Pero a veces nos rebelamos contra la muerte.

Y lamentamos que, precisamente cuando ya se ha aprendido a vivir, se tenga que aprender a morir, si se nos concede tiempo para ello.

Y nos decimos:

¿Por qué Señor, ahora que ya tengo experiencia, quieres llevarme contigo?

¿Por qué ahora que he comprendido mejor tus mandamientos y me esfuerzo en cumplirlos día a día?

¿Por qué ahora, que amo más a mis semejantes?

Y sin que el Señor tenga que usar su voz de trueno, se encuentra la respuesta a esas preguntas en la propia conciencia, cuando ésta con su voz silenciosa nos dice:

¿Y qué quieres tú, pretencioso, que me lleve acaso a alguno de tus hijos o alguno de tus nietos?

Y se vuelve así a la cordura y decimos entonces:

¡Señor, hágase en mí tu voluntad!

Anónimo

Salmo 90
Baje a nosotros la bondad del Señor

Señor, Tú has sido nuestro refugio
de generación en generación.

Antes que naciesen los montes
o fuera engendrado el orbe de la tierra,
desde siempre y por siempre Tú eres Dios.

Tú reduces el hombre a polvo,
diciendo: "retornad, hijos de Adán".

Mil años en tu presencia
son un ayer, que pasó;
una vela nocturna.

Los siembras año por año,
como hierba que se renueva,
que florece y se renueva por la mañana,
y por la tarde la siegan y se seca.

¡Cómo nos ha consumido tu cólera
y nos ha trastornado tu indignación!
Pusiste nuestras culpas ante Ti,
nuestros secretos ante la luz de tu mirada:
y todos nuestros días pasaron bajo tu cólera,
y nuestros años se acabaron como un suspiro.

Aunque uno viva setenta años,
y el más robusto hasta ochenta,
la mayor parte son fatiga inútil,
porque pasan aprisa y vuelan.

¿Quién conoce la vehemencia de tu ira,
quién ha sentido el peso de tu cólera?

Enséñanos a calcular nuestros años,
para que adquiramos un corazón sensato.

Vuélvete, Señor, ¡hasta cuándo?
Ten compasión de tus siervos;
por la mañana sácianos de tu misericordia,
y toda nuestra vida será alegría y júbilo.

Danos alegría, por los días en que nos afligiste,
por los años en que sufrimos desdichas.

Que tus siervos vean tu acción
y sus hijos tu gloria.

Baje a nosotros la bondad del Señor
y haga prósperas las obras de nuestras manos.

ORACIÓN SIMPLE

Señor, hazme instrumento de tu paz.
Que donde haya odio, ponga yo amor.
Donde haya ofensa, perdón.
Donde haya discordia, unión.
Donde haya error, verdad.
Donde haya duda, fe.
Donde haya desesperación, esperanza.
Donde haya tinieblas, luz.
Y donde haya tristeza, alegría.
Que no busque ser consolado, sino consolar.
Ser comprendido, sino comprender.
Ser amado, sino amar.
Porque dando, es que se recibe.
Al olvidarnos, nos encontramos.
Al perdonar, es como Tú nos perdonas.
Y al morir, resucitamos a la Vida Eterna. Amén.

San Francisco de Asís

VEN SEÑOR Y TOMA

Desde que mi voluntad está a la tuya rendida conozco yo la medida de la mejor libertad.

Ven Señor y toma las riendas de mi vida, de tu mano me fío y a tu mano me entrego que es poco lo que me niego si yo soy tuyo y vos mío.

A fuerza de amor humano me abrazo en amor divino.

La santidad es camino que va de mí a mi hermano.

Me di sin tender la mano para cobrar el favor, me di en salud y en dolor a todos, y de tal suerte, que me ha encontrado la muerte, sin nada más que el amor.

San Mauro

"Todo se puede perder: la riqueza, el prestigio. Pero, en cuanto vives, la felicidad regresará siempre a tu corazón. Si levantaras sin miedo los ojos al cielo, estarías seguro de tu pureza y serías feliz, acontezca lo que acontezca".

Anne Frank

Oración de perdón

Señor Jesucristo, hoy te pido la gracia de poder perdonar a todos los que me han ofendido en mi vida. Sé que Tú me darás la fuerza para perdonar. Te doy gracias porque Tú me amas y deseas mi felicidad más que yo mismo.

Señor Jesucristo, hoy quiero perdonarme por todos mis pecados, faltas y todo lo que es malo en mí y todo lo que pienso que es malo. Señor, me perdono por cualquier intromisión en ocultismo. Me perdono de verdad.

Señor, quiero que me sanes de cualquier ira, amargura y resentimiento hacia Ti, por las veces que sentí que Tú mandaste la muerte a mi familia, enfermedad, dolor de corazón, dificultades financieras o lo que yo pensé que eran castigos. ¡Perdóname, Jesús, Sáname!

Señor, perdono a mi madre por las veces que me hirió, se resintió conmigo, estuvo furiosa conmigo, me castigó, prefirió a mis hermanos y hermanas a mí, me dijo que era tonto, feo, estúpido o que le había costado mucho dinero a la familia, o cuando me dijo que no era deseado, que fui un accidente, una equivocación o no era lo que quería.

Perdono a mi padre por cualquier falta de apoyo, falta de amor, o de afecto, falta de atención, de tiempo, o de compañía, por beber, por mal comportamiento, especialmente con mi madre y los otros hijos, por sus castigos severos, por desertar, por estar lejos de casa, por divorciarse de mi madre, por no serle fiel.

Señor, perdono a mis hermanos y hermanas que me rechazaron, dijeron mentiras de mí, me odiaron, estaban resentidos contra mí, competían conmigo por el amor de mis padres; me hirieron físicamente o me hicieron la vida desagradable de algún modo. Les perdono, Señor.

Señor, perdono a mi cónyuge por su falta de amor, de afecto, de consideración, de apoyo, por su falta de comunicación, por tensión, faltas, dolores o aquellos otros actos o palabras que me han herido o perturbado.

Señor, perdono a mis hijos por su falta de respeto, obediencia, falta de amor, de atención, de apoyo, de comprensión, por sus malos hábitos, por cualquier mala acción que me puede perturbar.

Señor, perdono a mi abuela, abuelo, tíos, tías y primos, que hayan interferido en la familia y hayan causado confusión, o que hayan enfrentado a mis padres.

Señor, perdono a mis parientes políticos, especialmente a mi suegra, mi suegro, perdono a mis cuñados y cuñadas.

Señor, hoy te pido especialmente la gracia de perdonar a mis yernos y nueras, y otros parientes por matrimonio, que tratan a mis hijos sin amor.

Jesús, ayúdame a perdonar a mis compañeros de trabajo que son desagradables o me hacen la vida imposible. Por aquellos que me cargan con su trabajo, cotillean de mí, no cooperan conmigo, intentan quitarme el trabajo. Les perdono hoy.

También necesito perdonar a mis vecinos, Señor. Por el ruido que hacen, por molestar, por no tener sus perros atados y dejar que pasen a mi jardín, por no tener la basura bien recogida y tener el vecindario desordenado; les perdono.

Ahora perdono a mi párroco y los sacerdotes, a mi congregación y mi iglesia por su falta de apoyo, mezquindad, falta de amistad, malos sermones, por no apoyarme como debieran, por no usarme en un puesto de responsabilidad, por no invitarme a ayudar en puestos mayores y por cualquier otra herida que me hayan hecho; les perdono hoy.

Señor, perdono a todos los profesionales que me hayan herido en cualquier forma, médicos, enfermeras, abogados, policías, trabajadores de hospitales. Por cualquier cosa que me hicieron; les perdono sinceramente hoy.

Señor, perdono a mi jefe por no pagarme lo suficiente, por no apreciarme, por no ser amable o razonable conmigo, por estar furioso o no ser dialogante, por no promocionarme, y por no alabarme por mi trabajo.

Señor, perdono a mis profesores y formadores del pasado así como a los actuales; a los que me castigaron, humillaron, insultaron, me trataron injustamente, se rieron de mí, me llamaron tonto o estúpido, me hicieron quedar castigado después del colegio.

Señor, perdono a mis amigos que me han decepcionado, han perdido contacto conmigo, no me apoyan, no estaban disponibles cuando necesitaba ayuda, les presté dinero y no me lo devolvieron, me criticaron.

Señor Jesús, pido especialmente la gracia de perdonar a esa persona que más me ha herido en mi vida. Pido perdonar a mi peor enemigo, la persona que más me cuesta perdonar o la persona que haya dicho que nunca la perdonaría.

Gracias Jesús, porque me estás liberando del mal de no perdonar y pido perdón a todos aquellos a los que yo también he ofendido. Gracias, Señor, por el amor que llega a través de mí hasta ellos. Amén.

Anónimo

ORACIÓN DE SANACIÓN
POR LA FAMILIA

¡Señor Jesús! Hoy venimos a Ti, en nombre de cada una de las personas de nuestra familia. Tú, en tus designios de amor por cada uno de nosotros, nos has colocado en ella y nos has vinculado a cada una de las personas que la componen. En primer lugar, te queremos dar gracias de todo corazón por cada uno de los miembros de mi familia, por todo el amor que he recibido tuyo a través de el/os y te queremos alabar y glorificar porque nos has colocado en ella. A través de la familia y en la familia, Tú nos has dado la vida y has querido para nosotros que formemos un núcleo de amor.

Hoy, Señor, queremos que Tú pases con tu sanación por cada uno de nosotros y realices tu obra de amor en cada uno de nosotros. Y antes de nada, Señor, queremos pedirte perdón por todas las faltas de amor que hayamos tenido en casa, por todas nuestras indelicadezas, por todas nuestras faltas de comprensión, por no ser a veces cauces de tu amor para ellos.

En primer lugar, Jesús, te pedimos que entres en el corazón de cada uno y toques aquellas experiencias de nuestra vida que necesiten ser sanadas. Tú nos conoces mucho mejor que nosotros mismos; por lo tanto, llena con tu amor todos los rincones de nuestro corazón.

Donde quiera que encuentres —el niño herido—, tócalo, consuélalo y ponlo en libertad.

Vuelve a recorrer nuestra vida, la vida de cada uno de nosotros, desde el principio, desde el mismo momento de nuestra concepción. Purifica las líneas hereditarias y líbranos de aquellas cosas que puedan haber ejercido una influencia negativa en aquel momento. Bendícenos mientras íbamos formándonos en el vientre de nuestra madre y quita todas las trabas que puedan haber dificultado, durante los meses de gestación, nuestro desarrollo en plenitud.

Danos un profundo deseo de querer nacer y sana cualquier trauma tanto físico como emocional que pudiera habernos dañado durante nuestro nacimiento. ¡Gracias, Señor!, por estar ahí presente para recibirnos a cada uno de nosotros en tus brazos en el momento mismo de nuestro nacimiento, para darnos la bienvenida a la Tierra y asegurarnos que Tú nunca nos faltarías ni nos abandonarías.

Jesús, te pedimos que rodees nuestra infancia con tu luz y que toques aquellos recuerdos que nos impiden ser libres. Si lo que más necesitamos cada uno fue más cariño maternal, mándanos a tu Madre, la Virgen María, para que nos dé lo que nos falta. Pídele que nos abrace a cada uno, que nos arrulle a cada uno, que nos cuente cuentos y llene el vacío que necesita el calor y el consuelo que sólo una madre puede dar.

Quizá "el niño interior" siente la falta del amor del padre. Señor Jesús, déjanos gritar con libertad, con todo nuestro ser: "¡Abba!, ¡papá! ¡Papaito! Si necesitábamos alguno de nosotros más cariño paternal y la seguridad de que nos deseaban, y nos amaban de verdad, te pedimos que nos levantes y nos hagas sentir la fuerza de tus brazos protectores. Renueva nuestra confianza y danos el valor que necesitamos para hacer frente a las adversidades de la vida, porque sabemos, Padre nuestro, que tu amor nos levantará y nos ayudará si tropezamos y caemos.

Recorre nuestra vida, Señor, y consuélanos cuando otros nos trataban mal. Sana las heridas de los encuentros que nos dejaron asustado, que nos hicieron entrar en nosotros mismos y levantar barreras de defensa ante la gente. Si alguno de nosotros se ha sentido solo, abandonado y rechazado por la humanidad, concédenos por medio de tu amor que lo sana todo, un nuevo sentido del valor de cada uno como persona.

¡Oh Jesús!, nos presentamos en este día ante ti, toda la familia y te pedimos que sanes nuestras relaciones, que sean unas relaciones llenas de cariño, de comprensión y de ternura y que nuestra familia se parezca a la tuya. Te pedimos, por intercesión de tu Madre, la Reina de la Paz, que nuestros hogares sean lugares de paz, de armonía y donde realmente experimentemos tu presencia. ¡Gracias, Señor!

Anónimo

SALMO 136
HIMNO PASCUAL

Dad gracias al Señor porque es bueno:
porque es eterna su misericordia.

Dad gracias al Dios de los dioses:
porque es eterna su misericordia.

Dad gracias al Señor de los señores:
porque es eterna su misericordia.

Sólo hizo grandes maravillas:
porque es eterna su misericordia.

Él hizo sabiamente los cielos:
porque es eterna su misericordia.

Él afianzó sobre las aguas la tierra:
porque es eterna su misericordia.

Él hizo lumbreras gigantes:
porque es eterna su misericordia.

El sol que gobierna el día:
porque es eterna su misericordia.

La luna que gobierna la noche:
porque es eterna su misericordia.

Él hirió a Egipto en sus primogénitos:
porque es eterna su misericordia.

Y sacó a Israel de aquel país:
porque es eterna su misericordia.

Con mano poderosa, con brazo extendido:
porque es eterna su misericordia.

Él dividió en dos partes el mar Rojo:
porque es eterna su misericordia.

Y condujo por en medio a Israel:
porque es eterna su misericordia.

Arrojó en el mar Rojo al faraón:
porque es eterna su misericordia.

Guió por el desierto a su pueblo:
porque es eterna su misericordia.

Él hirió a reyes famosos:
porque es eterna su misericordia.

Dio muerte a reyes poderosos:
porque es eterna su misericordia.

A Sijón, rey de los amorreos:
porque es eterna su misericordia.

Y a Hog, rey de Basán:
porque es eterna su misericordia.

Les dio su tierra en heredad:
porque es eterna su misericordia.

En heredad a Israel su siervo:
porque es eterna su misericordia.

En nuestra humillación, se acordó de nosotros:
porque es eterna su misericordia.

Y nos libró de nuestros opresores:
porque es eterna su misericordia.

Él da alimento a todo viviente:
porque es eterna su misericordia.

Dad gracias al Dios del cielo:
porque es eterna su misericordia.

¿QUÉ TENGO YO QUE MI AMISTAD PROCURAS?

¿Qué tengo yo, que mi amistad procuras?
¿Qué interés se te sigue, Jesús mío,
que a mi puerta, cubierto de rocío,
pasas las noches del invierno oscuras?

¡Oh, cuánto fueron mis entrañas duras,
pues no te abrí! ¡Qué extraño desvarío,
si de mi ingratitud el hielo frío
secó las llagas de tus plantas puras!

¡Cuántas veces el ángel me decía:
«Alma, asómate ahora a la ventana,
verás con cuánto amor llamar porfía»!
¡Y cuántas, hermosura soberana,
«Mañana le abriremos», respondía,
para lo mismo responder mañana!

Lope de Vega

"Puede mucho la oración fervorosa del justo."

Santiago 5:16

AL SANTÍSIMO SACRAMENTO

Entre tantas dudosas certidumbres
que me mienten, halagan los sentidos,
Tú, callado y sin nubes, tan desnudo,
tan transparente de ternura y trigo
¿qué me quieres decir -labios sellados-
desde tu oculto y cándido presidio?

¿Qué me destellas, ay, qué me insinúas,
'qué me quieres, Amor, Secreto mío?
Porque las ondas que abres y propagas
desde la fresca fuente de tu círculo
me alcanzan y me anegan, me coronan,
me ciñen de suavísimos anillos.

Mas ya sé lo que quieres, lo que buscas.
Si la Esperanza es prenda de prodigios,
si el sol de Caridad arde sin tregua,
lo que pides es Fe, los ojos niños.

Quererte, sí, y creerte. ¿Tú me esperas?
¿Me quieres Tú? ¿De veras que yo existo?
¿Tú me crees, Señor? Yo creo y quiero
creer en Ti, quererte a Ti y contigo.

Sí, mi divino prisionero errante,
mi voluntario capitán cautivo,
mi disfrazado amante de imposibles,
mi cifra donde anida el infinito.

Sí. Tú eres Tú, te creo y te conozco.
Ya te aprendí y te sé, paz del Espíritu.

Prosternarse, humillarse: eso fue todo.
Deponer, abdicar cetros, designios.
Por Ti hasta la indigencia, hasta el despojo
quedarse en puros huesos desvalidos.
   La reina Inteligencia hágase esclava,
sea la Voluntad sierva de siglos.
Y queden ahí devueltos, desmontados,
en su estuche de raso los sentidos.
   Veo y no veo, palpo y nada palpo,
escucho sordo y flor de ausencia aspiro.
No hay más que una verdad: Tú, Rey de Reyes.
Tú, Sacramento, Corpus Christi, Cristo.
   Ya me tienes vaciado,
vacante de fruto y flor,
desposeído de todo,
todo para Ti, Señor.
   No soy más que tu proyecto,
tu disponibilidad.
Lléname de amor y cielo,
rebósame de piedad.
   He enmudecido mi música
en silencio de tapiz.
Me negué hasta el claro sueño,
hasta la misma raíz.
   Ven, ruiseñor, a habitarme.
Hazme cuna de Belén.
Ven a cantar en mi jaula
abierta, infinita, ven.
   Rosas en el ocaso de la víspera,
las nubes hoy se han despertado blancas.
Es ya la aurora bajo palio de oro,
la gloria teologal de la mañana.

Deslumbradora nieve en las cortinas
que descorren dos ángeles de brasa
y en medio el pecho azul de cielo, abierto
para dar paso a un Sol que se le salta.

El Sol, el Sol de Corpus. Cómo vibran
sus rayos de oro y miel, cómo remansan
recogiéndose al centro, al hogar íntimo
donde un Cordero su toisón recama.

Pero ¿qué traslación, qué meteoro
es éste que me busca, que me abraza?
Viene por mí, cae hacia mí derecho,
y en lugar de crecer, cuanto más baja,
más se aprieta de amor, más se reduce,
se achica, se cercena, se acompasa,
hasta inscribirse humilde en la estatura
del mísero dintel de mi cabaña.

Oh sol que el cielo entero no te ciñe
y en sus collados últimos derramas
la unidad de tu ser con brío y luces
que no saben de eclipses ni distancias.

Yo no soy digno, no, de contemplarte,
de encerrarte en mi pecho, torpe casa
de la abominación, lonja del crimen
apenas hoy barrida y alfombrada.
Mas ya el milagro se consuma, y tomo,
comulgo el Pan de la divina gracia.

No soy digno, no era digno,
pero ahora un templo soy.
Ilumínanse mis bóvedas
y todo temblando estoy.

Esto que vuela en mi bosque
es un pájaro de luz,

es una flecha con alas
desclavada de una cruz.

Y se ahínca en mi madera
y me embriaga de olor.
Ya, aunque se disuelva en brisa,
me quedará el resplandor.

Quédate, fuego, conmigo.
Espera un instante, así.
Transparéntame mis huesos.
No te separes de mí.

Dentro de mí te guardo, oh Certidumbre,
como el mosto en agraz guarda el racimo.
Te siento navegando por mis venas
como la madre mar a sus navíos.

Dentro de mí, fuera de mí, impregnándome,
como a la abeja mieles y zumbidos,
como la luz al fuego o como el suave
color, calor al reflejar del vidrio.

Te oigo cantar, orillas de mi lengua,
florecer en silencio de martirios.
Dulce y concreto estás en mí encerrado.

Lo que ignoran los hombres, pajarillos
lo saben bien, lo rizan, lo gorjean,
flores lo aroman por los huertos tibios,
estrellas lo constelan, lo tachonan,
telegrafían destellando visos,
ángeles del amor lo vuelan fúlgidos,
lo velan rumorosos y purísimos.

Tierno y preciso estás, manso y sin prisa,
dulce y concreto estás, Secreto mío.
¿Qué valen todas mis verdades turbias
ante esa sola, oh Sacramento nítido?

En Ti y por Ti yo espero y creo y amo,
en Ti y por Ti, mi Pan, Misterio mío.

Gerardo Diego

"Para mí la oración es un impulso del corazón, una sencilla mirada al cielo, un grito de agradecimiento y de amor en las penas como en las alegrías.

> Nada te turbe,
> Nada te espante,
> Todo se pasa,
> Dios no se muda,
> La paciencia,
> Todo lo alcanza;
> Quien a Dios tiene
> Nada le falta:
> Sólo Dios basta."

Santa Teresa de Jesús

Todo tiene su momento oportuno; hay un tiempo para todo lo que se hace bajo el cielo:
un tiempo para nacer, y un tiempo para morir;
un tiempo para plantar, y un tiempo para cosechar;
un tiempo para matar, y un tiempo para sanar;
un tiempo para destruir, y un tiempo para construir;
un tiempo para llorar, y un tiempo para reír;

un tiempo para estar de luto, y un tiempo para saltar de gusto;

un tiempo para esparcir piedras, y un tiempo para recogerlas;

un tiempo para abrazarse, y un tiempo para despedirse;

un tiempo para intentar, y un tiempo para desistir;

un tiempo para guardar, y un tiempo para desechar;

un tiempo para rasgar, y un tiempo para coser;

un tiempo para callar, y un tiempo para hablar;

un tiempo para amar, y un tiempo para odiar;

un tiempo para la guerra, y un tiempo para la paz.

Verso inspirado en la Biblia

Señor: Tú que me ves donde estamos cada uno,

Tú que conoces que estamos en angustia por diferentes razones, escucha nuestra oración como siempre lo haces.

Nuestro corazón desmaya, Señor, pero Tú eres nuestro refugio, nuestro pronto auxilio en las tribulaciones. Tú eres nuestro abogado y el Juez justo.

Toma mi mano, Dios, y la de cada uno de los que en este momento están pasando tribulación. Que muy pronto podamos gozarnos con tu maravillosa respuesta.

En el nombre de Jesús, tu hijo amado, te lo pido.

Anónimo

La manera en la que nos relacionamos con nuestros cuerpos profundamente afecta nuestra relación con Dios y con nuestros semejantes, nuestras oraciones y nuestra vida. Si despreciamos alguna parte de nuestro cuerpo, por pequeña que ésta sea, esto daña la totalidad de nuestro ser.

Anónimo

Nos hiciste, Señor,
para Ti y nuestro corazón
está inquieto
hasta que descanse en Ti.

San Agustín

Tú dices: son tiempos difíciles, son tiempos de opresión, son tiempos preocupantes.
Vive correctamente y cambiarás los tiempos. Los tiempos nunca han hecho mal a nadie. Aquéllos a los cuales se hace mal son los seres humanos; los que hacen el mal son los seres humanos. Por tanto, cambia a los seres humanos y cambiarán los tiempos.

Sermones 3:11:8

¿QUÉ TIEMPO DEDICAS A DIOS?

Dios me dijo un día:

—Dame un poco de tu tiempo.

Y yo respondí:

—Pero, Señor, ¡si el tiempo que tengo no basta ni para mí!

Dios me repitió más alto:

—Dame un poco de tu tiempo.

Y yo respondí:

—Pero, Señor ¡si no es por mala voluntad: es que de veras no me sobra ni un minuto!

Dios volvió a hablarme:

—Dame un poco de tu tiempo.

Y yo respondí:

—Señor, ya sé que debo reservar un poco de mi tiempo para lo que me pides; pero sucede que a veces no me sobra nada para poder dar.

¡Es muy difícil vivir y a mí me lleva todo el tiempo!

No puedo dar más de lo que estoy haciendo.

Entonces Dios no dijo nada más.

Y desde entonces descubrí que cuando Dios pide algo, ¡pide nuestra vida!

Y si uno da sólo un poco, Dios se calla. El paso siguiente ha de ser cosa nuestra, ¡porque a Dios no le gusta el monólogo!

Anónimo

AYÚDAME A CONSTRUIR TU REINO

Jesús,
querido maestro,
quiero ayudarte
a construir el Reino.
Dame fuerzas para vivir
siempre de acuerdo a tus enseñanzas.
Que ayude siempre a los demás,
que respete a todos
y los trate de buenas maneras.
Que aprenda a perdonar
y no guarde rencor.
Que sepa compartir
y dar de corazón.
Enséñame a rezar con ganas
para que venga tu Reino.
Para que vivamos en una sociedad más justa,
donde no haya gente que sufra,
o le falte lo necesario para vivir.
Ayúdanos a amar a todos
para que vivamos como vos nos enseñaste.
Que cada día te dé una mano
para que crezca en el mundo la semilla de tu Reino.

Carmelitas Descalzas de Cádiz

Esta obra se termino de imprimir
en Marzo del 2011 en los
talleres de Offset Efectivo, S.A. DE C.V.
Plaza del árbol No. 7 Col. Dr. Alfonso Ortiz Tirado
C.P. 09020 México, D.F.
Tiro 1,000 ejemplares más sobrantes